Introducción

Amar es arriesgar. A veces otras veces se gana. No a. siempre, aunque imaginemos que "conservamos" nuestro tiempo o nuestras cualidades.

La vida es un continuo juego de energías. Algunos buscan no perder eso poco que creen sujetar entre sus manos. De ese modo cierran mil posibilidades de opción, de crecimiento, de entrega.

Sin saberlo, derrochan sus mejores talentos cuando los esconden.

Es más el que más ama. Es mejor el que rompe sus fronteras. Es bueno el que sabe dejar de lado el placer de una tarde de descanso para ir a visitar a un amigo enfermo. Es noble el que no teme perder su fama por defender al compañero despedido injustamente o por proteger la unidad del matrimonio y la familia.

Solo queda lo que amamos. Se puede vivir 80 años sin sentido. Se puede morir con 30 años, después de una vida intensa, llena de amor y de grandeza. Lo que importa es no dejarse llevar por la corriente, sino sembrar entregas que duran lo que dura el amor: eternamente.

El Adviento y la Navidad son una invitación a lo más maravilloso de la vida humana: el amor. Estos días podemos encontrar, si dejamos espacios a la oración y si vivimos intensamente la Santa Misa, a un Dios que nos invita a amar porque Él nos amó primero.

P. Fernando Pascual LC

Oración diaria

mi corazón
a la esperanza,
mi mente a la fe,
mi vida al amor sincero.
Ayúdame a descubrirte
en Belén como
Salvador del mundo,
como amigo
de la humanidad,
como hermano bueno.
Invítame a caminar,
como los pastores,
a tu encuentro,
libre de ataduras
de pecado;
sencillo como
los niños, alegre
como los humildes,
generoso como
los santos.
Dame la gracia
de una conversión
sincera con la que
pueda entrar en
el mundo del amor.
Concédeme un alma
grande, capaz de decir,
como la Virgen Madre:
que se haga siempre
en mí según
tu voluntad.
Amén

Pórtico y camino

El Adviento es como un camino. Inicia en un momento del año, avanza por etapas progresivas, se dirige a una meta: la Navidad. Llega la invitación a ponernos en marcha. ¿Quién invita? ¿Desde dónde iniciamos a caminar? ¿Hacia qué meta hemos de dirigir nuestros pasos?

La invitación llega desde muy lejos. La historia humana comenzó a partir de un acto de amor divino: "Hagamos al hombre a nuestra imagen y semejanza" (Gn 1:26). El amor daba inicio a la vida.

Ese acto magnífico se vio turbado por la respuesta del hombre, por un pecado que significó una tragedia cósmica. Dios, a pesar de todo, no interrumpió su amor apasionado y fiel. Prometió que vendría el Mesías.

La humanidad entera fue invitada a la espera. El Pueblo escogido, el Israel de Dios, recibió nuevos avisos, estaba seguro de que el Salvador llegaría en algún momento de la historia. El pasar de los siglos no apagó la esperanza. El Señor iba a cumplir, pronto, su promesa.

Esa invitación llega ahora a mi vida. También yo espero salir de mi pecado. También yo necesito sentir el amor divino que me acompaña en la hora de la prueba. También yo escucho una voz profunda que me pide dejar el egoísmo para dedicarme a servir a mis hermanos.

¿Desde dónde comienzo este camino? Quizá desde la tibieza de un cristianismo apagado y pobre. Quizá desde odios profundos hacia quien me hizo algún daño. Quizá desde pasiones innobles que me llevan a caer continuamente en el pecado. Quizá desde la tristeza por ver tan poco amor en mi vida y tantas promesas fracasadas.

¿Hacia qué meta empiezo a dar mis pasos? Solo iniciaré la marcha si escucho esa voz que me vuelve a llamar.

En el desierto del mundo, en la soledad de la multitud urbana, en el caos de la noche invadida por los ruidos, en las risas de una fiesta sin sentido..., la voz pide, suplica, espera que dé un primer paso, que abra el Evangelio, que escuche la voz de Juan el Bautista, que abandone injusticias y perezas, que mire hacia una fiesta grande.

La Navidad aparece en el horizonte. El Salvador está cerca. Juan lo anuncia presente en nuestra tierra. La voz que suena en el desierto llega hasta nosotros: "El tiempo se ha cumplido, el Reino de Dios está cerca. Renuncien a su mal camino y crean en la Buena Nueva" (Mc 1:15-16).

Peregrinos

Ser peregrinos es reconocer que estamos de paso, que la meta está al final de la marcha, que lo que ahora experimentamos es solo una etapa del camino.

Es hermoso, sí, el camino de la vida. Montañas y valles, mares y ríos, águilas y gorriones. Mil experiencias nos hacen disfrutar de tantas cosas: el sol, el suave viento, la mirada serena de un abuelo.

Nos gustaría que todo quedase así, inmóvil, bello, como una fotografía. Es entonces cuando convertimos el camino en una meta: olvidamos que vamos a la patria...

Pero nada permanece en esta tierra mudable e incierta. Hoy termino un examen y mañana tengo que empezar a estudiar otra materia. Ayer me enamoré locamente y en unos días me siento desengañado o descubro que todo fue un fuego de artificio. Todo pasa. Los novios de ayer son los abuelos de mañana. El coche último modelo en poco tiempo se ha convertido en objeto para la historia.

Queda el espíritu, esa fuerza que nos permite amar y ser sinceros, esa energía misteriosa que se esconde en nuestro cuerpo y que no puede ser destruida. El espíritu sigue, más allá de las alegrías y las penas, de las enfermedades o de los placeres más intensos.

Solo después, cuando las velas se recojan, cuando la barca termine su travesía, descubriremos que estábamos en camino y que la patria estaba allá, al otro lado. Patria, sí, porque es el lugar donde está el Padre, donde Dios espera, con los brazos abiertos, sin cansarse de nuestros caprichos, nuestros miedos y nuestras penas.

Frente al espejo

A nochece. Entramos en nuestro cuarto, encendemos la luz, nos quitamos los zapatos y miramos al espejo.

Hay momentos en los que nos encontramos con nuestro yo más íntimo, con ese corazón que ríe cuando encuentra a los amigos y que llora cuando visita a un familiar enfermo. Un corazón misterioso, que vive como enamorado durante horas, días y semanas, y que después se deja encadenar por un capricho pasajero.

Necesitamos momentos para mirarnos en el espejo. Así descubriremos si hay una sonrisa que nace llena de paz o si tenemos ojos tristes, sin ilusiones ni esperanzas. Necesitamos momentos para abrir rincones del alma, para ver si somos tan buenos como dicen los demás o si, por el contrario, escondemos un poco de egoísmo y un mucho de cobardía o de avaricia.

Hay zonas del corazón que nunca comprenderemos del todo. Somos más grandes que nuestros zapatos y más pequeños que nuestros sueños. Somos una ilusión loca que quiere vivir en plenitud y que se ahoga ante la primera crítica que nos llega como un susurro desde lejos. Quisiéramos amar a la familia, a los amigos, a los pobres del barrio, y no somos capaces de dedicar cinco minutos para escuchar la historia del vecino que pide un poco de atención y de consuelo.

La vida corre veloz. Dios está a la puerta. Es Adviento. Puedo descubrir, entonces, que todo empieza a ser distinto si veo lo que tantos desean ver y oigo lo que muchos buscaron oír: el Mesías viene a mi encuentro.

"Alguien me deletrea"

Nacemos sin haberlo planeado. Crecemos. La vida se abría cada vez más. La libertad cada vez era mayor. Tuvimos miedo. Cuando llegamos a ser jóvenes parece que sentamos cabeza. Había que estudiar o trabajar pronto. El dinero era importante. Buscamos tener algo seguro. Pero también empezamos a sentir los golpes de la vida. Una traición, una enfermedad extraña. Creíamos en nuestra invulnerabilidad y bastaba una crítica a nuestras espaldas para sentirnos abatidos. O, lo que es peor, descubrimos que fuimos verdugos de un amigo al que abandonamos cuando más lo necesitaba.

La vida nos presentaba cada día más preguntas y teníamos que responder. Cada respuesta escribía una historia imborrable, luminosa o triste, egoísta o desinteresada. Otras veces descubrimos que otros, con o sin permiso, nos "escribían".

A veces ese otro podría ser Dios ("alguien me deletrea...", escribía Octavio Paz), y entonces sentimos confianza.

Sabemos que su letra, su pulso, no se equivoca. Pero no es fácil dejarse escribir, ni seguir un camino incierto, tal vez lleno de dolor, tal vez herido por las ingratitudes de algunos hombres.

La vida sigue. Hoy, ahora, agonizan muchos hombres y mujeres del planeta. Su vida termina. Dejan de escribir una parte. Otro, desde arriba, la está leyendo.

Nosotros seguimos aquí. Escribimos, libremente, en cada instante, nuestra respuesta. El egoísmo puede pintar de infierno incluso un cielo. La esperanza puede hacer dulce la más dolorosa de las agonías.

Esa esperanza tiene un brillo especial en el Adviento. Dios toma parte en la escritura de la historia humana, con un rostro y con un nombre concreto: se llamará Jesús…

La vida en urgencias

Hay sufrimientos que llegan cuando menos lo pensamos. Una luz en la carretera, el freno que no responde, los cristales del parabrisas que saltan por los aires… Luego ruidos, confusión, ambulancias, un enfermero que corta la ropa de quien se queja sin entender bien qué es lo que pasa…

Otras veces basta con haber comido algo que estaba fermentado: los dolores se hacen insoportables, empiezan los primeros delirios, y sin que uno pueda dar su opinión, es llevado a toda prisa a la sección de urgencias.

Hay quien llega al hospital después de un espléndido día de excursión. Un paso en falso, una piedra suelta en el camino y de la cabeza empieza a manar la sangre a toda prisa, mientras los amigos intentan detener, como pueden, la hemorragia.

La vida se ve de un modo nuevo cuando nos toca estar en urgencias. Somos grandes por nuestra capacidad de amar, por nuestros deseos de justicia y de paz, y somos pequeños, pobres, débiles, con este cuerpo frágil que mantiene equilibrios casi imposibles. Todo pende de un hilo, todo puede cambiar en un instante. ¿Qué es lo que queda? ¿Qué es lo que vale?

Son preguntas que podemos hacernos una tarde cualquiera, tal vez sin tener que ir a la zona de urgencias de un hospital. Son preguntas que nos invitan a levantar los ojos, mirar al cielo y buscar, más allá de las estrellas o del smog que cubre nuestras casas, a ese Dios que nos hizo con barro frágil y con un soplo misterioso, eterno, de espíritu…

Mi riqueza verdadera: amar

Los estorbos y las presiones son parte de la vida. Solo desaparecerán cuando cese la ley de la gravedad y cuando los vecinos ni vean ni oigan ni digan nada a favor o en contra de lo que hacemos. O desaparecerán cuando también nosotros dejemos de vivir en este suelo y nos encontremos, cara a cara, con el Dios que conoce nuestra historia y que respeta la opción por la que decidimos vivir para amar o para odiar...

Mis defectos y cansancios me pesan y me atan, pero no pueden paralizarme. La idea que los demás tengan de mí quizá me aterre, pero soy mucho más de lo que piensen o digan mis familiares y amigos.

Con o sin límites, somos verdaderamente libres si amamos. Es entonces cuando crecemos en lo más profundo de nuestro corazón, porque somos más grandes y más sinceros, porque superamos los aburrimientos de la vida con esa alegría con la que brillan los novios y esposos que se quieren de verdad.

Dios, en este tiempo de Adviento, espera que dé un paso hacia adelante, que ofrezca un gesto de amor a un ser querido, que renuncie a un vicio que me puede estar destruyendo poco a poco.

Cada instante decido mi futuro. Todo depende de mi corazón. Soy libre también si estoy entre cadenas. Un condenado a muerte puede convertirse en un santo si lo quiere, mientras que un millonario "autónomo" puede pudrirse amargamente en medio de riquezas.

Valgo lo que quiero. Ahí está mi riqueza verdadera.

Tiempo para contemplar, tiempo para dar

D esde que nos levantamos hasta que nos acostamos, estamos divididos entre cientos de reclamos y de exigencias. A veces son los demás quienes nos piden una ayuda, un consejo, un rato de compañía. Otras veces somos nosotros quienes pedimos a los demás que vengan con nosotros a ver una película, a hablar con el médico o a salir de paseo con los niños.

En medio de tantas peticiones y de las ocupaciones habituales, hay momentos en los que querríamos tener unos minutos para pensar en cómo va nuestra vida, en lo que hacemos. Adviento es un buen momento para ello.

Cuando conseguimos un rato para la meditación, para reflexionar, nuestra mente se ve turbada por los pequeños o grandes problemas que surgen en nuestro trato continuo con los demás o, también, por los recuerdos, las preocupaciones o los deseos que más llevamos en el corazón. El tiempo pasa, volvemos a la misma vida de siempre y casi no tenemos tiempo para reflexionar.

Necesitamos buscar tiempo para meditar un poco, para asomarnos al Corazón de Dios y preguntarle qué piensa de nuestras aventuras y esperanzas. Tener unos instantes para la contemplación ayuda a darnos con más ilusión y alegría a los que viven a nuestro lado.

Un día descubriremos que Dios también nos dio mucho, porque lo propio de Dios es dar sin esperar recompensa, porque ama mucho. Un cristiano, un hijo de Dios, no puede no seguir el mismo camino. Será feliz y hará felices a todos, si da, si se da, sin límites, solamente por amor, como Jesús se dará a nosotros en Navidad.

Una voz grita en el desierto

¿**P**or qué gritas, Juan, en el desierto? ¿Qué mensajes lanzas al viento, al matorral, a los jilgueros? ¿Por qué vives tan austero? ¿Por qué denuncias el pecado en el que muchos vivimos tan contentos?

Tu voz no llega a muchos corazones. Estás lejos del mundo, de los aplausos, de la riqueza, de los rumores. No pisas nuestras calles, ni entras en nuestros centros llenos de gente y vacíos de esperanza. Además, estamos tan llenos de cosas, de ocupaciones, de mensajes electrónicos…

Sin embargo, Juan, hay quienes te buscan, te siguen, te escuchan. Una multitud llega de mil lugares. No para oír palabras huecas, no para sentirse tranquilos con lisonjas. De ti oyen avisos, advertencias, indicaciones duras. Les pides, desde tu mismo ejemplo y con una voz penetrante como espada, una conversión auténtica, sincera, completa.

Ante ti llegan hombres y mujeres, artesanos y soldados. Agachan la cabeza, humildemente. Dejan que les viertas un agua que invita a la conversión, al cambio, a una vida nueva. Empiezan, con tu ayuda, el camino maravilloso que prepara la acogida de Cristo.

¿Puedo también yo salir de mis comodidades, de mis avaricias, de mis perezas, de mis miedos? ¿Puedo abandonar por un momento la vida que llevo, en la que me siento tan seguro y satisfecho? ¿Puedo acercarme a ti, ver tus vestidos pobres y oír tus palabras de fuego?

A veces tengo deseos de que alguien me diga, con franqueza amiga, que estoy en el pecado, que no vivo según lo que Dios espera de sus hijos. Cuesta, ciertamente, reconocer que el mal está dentro de mí. Pero lo necesito, como el enfermo anhela la ayuda de un buen médico. Solo cuando mire de frente ese mal que llevo dentro, estaré listo para el paso que lleva al Sacramento de la misericordia.

Juan, han pasado siglos desde que empezaste a anunciar la llegada del Cordero. Hoy, como en tu tiempo, necesitamos voces que denuncien el pecado, que nos preparen a acoger al Hijo del Padre e Hijo de María. Lo necesitamos particularmente en este tiempo tan especial de Adviento.

Te costaría mucho, lo sabemos, entrar en nuestras ciudades, ver nuestro frenesí loco y vacío, palpar esa codicia que nos encadena al dinero y a los placeres. Por eso, tal vez sea hora de dejar un rato esas mil ocupaciones que nos aturden para escuchar, nuevamente, tu voz sincera: esa que invita a la conversión y que abre horizontes de esperanza.

Gracias, de corazón, gracias

Cada día recibimos mil gestos de amor de los que viven a nuestro lado. Nos llega el pan a la mesa gracias al trabajo del campesino que sudó para ver crecer, poco a poco, unas espigas. Nos llega también gracias a un panadero, a un vendedor, a un policía que regula el tráfico.

La luz eléctrica, el pescado, la belleza de unos ladrillos, el libro que leemos unos momentos antes de acostarnos... ¿Cuántas veces pensamos en quienes los hicieron, en quienes nos permiten usarlos, en quienes nos los regalaron o nos los compraron?

Una sencilla palabra refleja la grandeza de un corazón atento: "¡gracias!" Sí, hay que dar las gracias por mil cosas. No como el niño que ha aprendido a decir "gracias" simplemente porque "hay que ser educado", porque sus padres se lo repiten una y otra vez. Hemos de decir "gracias" desde lo más profundo del corazón, porque en nuestro planeta hay tantos hombres y mujeres honestos, buenos, que nos permiten disfrutar de miles de cosas pequeñas o grandes que hacen la vida hermosa y llevadera.

En el fondo, habría que dar gracias, sobre todo, a Dios. Un día nos soñó y empezamos la aventura de la existencia humana. Cada minuto es un milagro de su amor. Vivimos porque nos quiere, porque nos ama. Y porque ama a los que caminan con nosotros y nos ayudan en las mil necesidades de cada día.

No deberíamos nunca de cansarnos de decir: ¡gracias! Sí: ¡gracias, Dios; gracias, hombres; gracias, mujeres, por tantas cosas, por tantos gestos de cariño! ¡Gracias, de corazón, gracias!

La vida nos pregunta

¿Tiene sentido la vida? La pregunta puede hacerse al revés: ¿qué me pide la vida?

Tal vez alguno crea que existen situaciones en las que nadie nos pide nada. Pensemos, por ejemplo, en la vida de un prisionero encerrado durante años en la cárcel. ¿Quién se acuerda de él, quién le pide "algo"? Sin embargo, ahí están sus compañeros, incluso los jefes de la cárcel o alguna persona que espera su conversión.

También el enfermo puede dar mucho al médico que lo cura, a los compañeros de dolor, con su alegría, con su serenidad, con su preocuparse por los otros.

Quienes gozan de salud (un bien efímero y, por lo mismo, traicionero) pueden aprovechar sus energías, su tiempo, su trabajo, para ayudar a otros: al esposo o la esposa, a los padres, hijos, abuelos, nietos...

Cientos de posibilidades están abiertas a quienes tienen viva la energía de la existencia, a quienes recuerdan que "hay más felicidad en dar que en recibir", como nos enseñó Jesucristo.

Así es la vida. En cada momento nos pregunta qué queremos hacer con ella. Nos toca saber leer, no en las estrellas, sino en el corazón, lo que nos pide Dios. Si le hacemos caso, tenemos la felicidad asegurada. También cuando nos llegue el momento de la prueba, de la enfermedad o de la traición.

El amor vence a la muerte. El portal pobre y humilde de Belén se convirtió en el inicio de la salvación del mundo. ¿Qué me está pidiendo Dios en este día que hoy me regala?

15

La píldora del optimismo

Momentos malos todos los tenemos. Momentos peores también, pues a veces parece que todo se nos viene encima, como si cayera una granizada de verano. Y entonces uno puede pensar que no está hecho para la vida, que nació en un día equivocado para una ciudad ingrata y entre hombres odiosos...

Puede ser que alguna empresa farmacéutica anuncie en el futuro, para esos casos, una "píldora del pesimismo". Pero con o sin píldoras, hay personas que resisten las pruebas más inimaginables con una sonrisa de esperanza y otras que se desinflan apenas se enfila en su jornada una piedrita en el zapato o una mancha de tinta en el traje.

¿Qué distingue a unos y a otros? Una dosis de optimismo, que es como el prisma que cambia los colores y encuentra luces donde antes solo se veían tinieblas y amarguras.

Ahora que vivimos en el mundo de la "medicina de los deseos", habrá quien anuncie algún día la esperada "píldora del optimismo". Mientras llegue al mercado, tenemos todos los días la posibilidad de descubrir, tras los pliegues del telón de la existencia, la luz y el amor que dan sentido al dolor, al cáncer, a la traición y a los impuestos.

Dios sigue, entre bastidores, con un amor que ilumina todo con una luz nueva. Para eso, hace 2000 años, Cristo vino al mundo. Por eso, desde que nació en Belén, brilla la esperanza.

Esta verdad es la fuente del optimismo cristiano. ¿Nos hemos dejado entusiasmar por ella? ¿Percibimos, en este Adviento, que llega el "esperado" de los pueblos, el único que puede, de verdad, salvarnos?

Demasiadas seguridades

El mundo tecnológico quiere seguridades, garantías. Una nevera está asegurada por tres años, una computadora por un año, una caja de pastillas nos recuerda la fecha de caducidad.

En el fondo, tenemos que confesar que mil garantías no son capaces de eliminar los peligros más imprevistos de la jornada. Las salidas de emergencia no son suficientes para evitar que mueran decenas de personas en el incendio de una discoteca. Los extintores no pueden hacer nada ante un avión que cae sobre unas casas. Los cinturones de seguridad sirven de muy poco cuando nos embiste un camión a 80 millas por hora...

Con realismo y con prudencia hay que promover medidas de seguridad, pero sin ahogar la vida social, sin pretender que todo quede bajo control. Son más los peligros imprevistos que los que pueden ser prevenidos. Tal vez el querer tenerlo todo bajo control puede producir más problemas que soluciones.

Por eso, cuando ocurra una desgracia, en algunas ocasiones habrá que buscar responsabilidades, analizar fallos, revisar leyes. En otras, simplemente, habrá que aceptar que el mismo bajar una escalera implica un poco de riesgo y de aventura. Quedarse encerrado en casa para evitar peligros imprevistos es perder la posibilidad de amar y de construir un mundo mejor.

Tal vez un día nos rompamos una pierna por ir a visitar a un familiar enfermo, pero vale más sufrir por "culpa" de un gesto de amor que morir de pena en una burbuja de seguridades y garantías que no nos dejen hacer nada...

¿Quién es el más poderoso?

La grandeza y la dignidad de cada ser humano radica en su inteligencia, en su libertad, en su espíritu. Por eso la vida del pobre puede valer tanto (a veces más) que la vida del rico. Por eso el "feo" puede superar en sus valores a quienes aparecen todas las semanas en las revistas de sociedad. Por eso el enfermo puede ser más feliz y más optimista que un deportista que ha ganado muchas medallas de oro.

La grandeza de cada ser humano radica en su corazón. Incluso el más despreciable puede "redimirse", puede cambiar con un gesto de arrepentimiento y ocupar un nuevo lugar en el mundo e, incluso, entrar al reino de los cielos. El buen ladrón del Evangelio no es un caso aislado.

Para descubrir quién es el más "poderoso" entre los humanos basta con "medir" la fe y la caridad de cada uno. Con un poco de bondad de corazón y un poco de esperanza todos los humanos (los que trabajan en los rascacielos de Nueva York, los que sobreviven en las chabolas de Río de Janeiro) pueden ser realmente grandes, pueden realizar el gran milagro del amor.

Sin reflectores, sin ruidos, los buenos dejan una semilla capaz de transformar el mundo entero. Ahora, en este momento, están escribiendo la historia más hermosa del siglo que nos toca vivir. No tendrán armas ni dinero, pero sí un corazón lleno de amor. Serán fuertes a los ojos de Dios y sembradores de esperanzas entre sus hermanos.

Serán, en definitiva, hombres y mujeres poderosos como el humilde Niño que esperamos en este tiempo de Adviento: con la fuerza de la humildad y del amor que veremos en el Hijo que se nos ha dado (cf. Is 9:5-6).

Biografías con futuro

Muchas veces nos condicionamos, cerramos las puertas a todo futuro, creemos que nuestra historia está escrita en todos sus detalles.

Pensar así es equivocarse. Mientras no ocurra un accidente grave, mientras una enfermedad psíquica o física no dañe irremisiblemente nuestra salud, somos libres. Podemos cambiar.

El futuro está ahí, indeterminado, delante de nosotros. Los errores del pasado, aunque hayan dejado una huella muy honda en nuestra vida, no eliminan el poder de la libertad, que es capaz de dar un fuerte golpe de timón para cambiar el rumbo de nuestra existencia.

Un despiadado criminal de la Segunda Guerra Mundial "desapareció" de la cárcel en la que lo habían encerrado los rusos. Muchos creyeron que había sido ayudado a escapar por algunos de sus amigos. Años después se supo que había ido a parar a un campo de concentración en Siberia. Quienes lo reconocieron allí, dijeron que era un hombre sumamente cordial y bueno, un caballero. Si un sanguinario asesino pudo vivir sus últimos años como una persona digna, ¿seremos nosotros tan malos que no podamos cambiar?

Nuestras biografías tienen un futuro por delante. No sabemos cuánto tiempo nos queda, pero sí podemos saber qué nos pide la vida, qué nos suplican los demás, qué nos insinúa Dios.

La respuesta depende de nosotros, de nuestra generosidad, de nuestra alegría e ilusión por vivir. Nunca es tarde. Basta con amar, y la decisión nacerá por descontado. Quizá ahora, por ser tiempo de Adviento, sea más fácil el milagro, si nos dejamos contagiar por el calor que viene desde el portal de Belén.

Allí está Dios

Hablar de Dios no es fácil. Algunos han usado el nombre de Dios para matar, para perseguir, para condenar a seres humanos, hermanos nuestros. Otros no comprenden cómo Dios pueda ser Dios cuando muere un niño en los brazos de su madre, cuando unos pocos explotan a los pobres, cuando hay quien construye cámaras de muerte o campos de exterminio...

No falta la voz de algún filósofo que ha decretado, como si de él dependiese, la muerte de Dios, o la imposibilidad de su regreso: se ha ido y nos ha dejado aquí, solos y abandonados, sin amor y sin esperanza.

Dios, sin embargo, nos sorprende a todos. No ha pasado de moda, ni se ha olvidado de la humanidad. No ha cerrado los cielos para dejarnos tristes en un mundo sin consuelo. No ha ignorado las lágrimas de las viudas ni el hambre de los niños ni la muerte de millones de africanos por culpa del SIDA o la malaria.

Detrás de cada lágrima y de cada sonrisa, allí está Dios. Se esconde en una madre que acaricia al niño enfermo, en un padre que espera al hijo fugitivo, en un sacerdote que celebra una Misa, en un obispo que cuida de su pueblo.

Dios no está lejos, no puede estarlo. Cada flor silvestre, cada ardilla cariñosa, cada acrobacia de una golondrina, son posibles porque Dios lo quiere.

Nosotros, los humanos, nacemos porque nos quiere, porque somos importantes a sus ojos. Vivimos de su amor y de su vida, de su esperanza y de sus sueños. Además, nuestro viaje no termina con la muerte: más allá de la frontera inicia la aventura de un mundo eterno, donde reinan solamente el amor y la armonía.

Ir a la casa del Padre, volver al hogar, descubrir que el bien escribe la última página de la historia: ¿no es eso lo que más queremos?

Allí está Dios, con su amor y su respeto. O, mejor, allí estaremos en Dios sin los miedos y fracasos que hoy no nos dejan ver su corazón de Padre bueno.

El horizonte se tiñe de violeta, mientras la luna pasea por los cielos. El grillo inicia su canto viejo y los murciélagos pintan lazos en el aire. Una niña se asoma por la puerta de su casa mientras su abuelo reza, con los ojos llenos de esperanza, al Dios que es el amigo más sincero.

Los ojos de Dios

Dios abre las nubes cada día y nos mira.

Su mirada es de afecto y de exigencia, porque el amor quiere lo mejor para su amado. No es fácil aceptar la corrección de quien no nos ama. Con Dios, en cambio, todo es distinto. Sabemos que nos quiere como a hijos, nos sueña en las tardes de verano y nos despierta para ir al trabajo en las jornadas del invierno. Por eso somos capaces de hacer hasta lo imposible para llevar adelante lo que nos pide el Padre de los cielos.

¿Qué nos piden los ojos de Dios? Un poco de generosidad y de alegría. Iluminar este mundo con luces de justicia y de esperanza. Perdonar al que nos ofende, porque Él nos perdonó primero. Vivir para los otros: la vida verdadera no es la que se esconde en un tintero, sino la que se gasta, día a día, al servicio del hermano.

Hoy es un día nuevo. La luz vence el peso del pecado, el amor derrite el frío de los suelos. Dios sonríe, como Padre, a cada uno de sus hijos. Acompaña al enfermo y recoge, en su seno, al que muere con un rezo entre sus labios.

Por eso estamos seguros de que Dios nos quiere como nadie. Porque nos lo dijo de tantos modos, desde que se hizo Hombre. Mientras, seguimos en el camino del Adviento, seguros de encontrar, al llegar a Belén, los ojos de un Niño que nos mirará con la ternura propia del Dios hecho Hombre.

A la búsqueda de Dios

Dios es un misterio que nos interpela, que nos espera, que nos invita a todas horas, en todos los momentos, en cada circunstancia de la vida.

Dios, presente y misterioso, palpita en todos los rincones del universo. ¿Por qué no lo vemos? ¿Por qué tantos dudan? ¿Por qué tanto sufrimiento? El camino de la vida nos lleva, sin quererlo, hacia la respuesta.

Pero no hemos de esperar a pasar el umbral de la muerte para resolver el misterio. En cada árbol, en el canto del jilguero, en los vuelos de una abeja o en el perfume de un jazmín, se esconde algo grande, hermoso, bello. Una presencia buena, amiga, paterna, viene a nuestro encuentro en los mil detalles de la vida.

Dios y un hombre que busca. Buscar no es fácil si no sabemos leer los signos, si el cansancio de la vida deja heridas más profundas, si la soledad nos hiere al ver que ese amigo o familiar amado ha partido a otros cielos. Buscar, sin embargo, es lo esencial de un corazón que ama, que desea encontrarse con el Dios vivo, que anhela fe, esperanza y un poco de consuelo.

Te encuentro, sí, en todas partes, pero tienes que ayudarme a buscar. Deprisa, porque la vida pasa y las nubes se pierden en el horizonte. Deprisa, porque el amor no soporta la ausencia del amado, porque no puedo vivir sin Ti, porque muere mi corazón un poco cada vez que no siento, cerca, dentro, tu aliento y tu fuerza de Dios bueno.

Adviento es tiempo de búsqueda. Quedan pocos días para la Navidad. Vale la pena apretar el paso y abrir el alma para un maravilloso encuentro.

El sueño del hombre y el sueño de Dios

Soñar no es algo solo para niños. Los grandes también necesitamos momentos de fantasía en los que la vida brille de un modo distinto, fresco, alegre.

También Dios tiene sueños. Soñó que los humanos podrían vivir en paz en esta Tierra. Soñó que era posible que nos amemos los unos a los otros, por encima de las lenguas, de las razas o de los zapatos que cada uno lleve (o no lleve) puestos. Soñó que acogeríamos a su Hijo y que empezaría, entonces sí, un mundo distinto.

Han pasado 2000 años. Para algunos, el sueño de Dios sigue siendo solo eso, un sueño irrealizado en millones de corazones que no saben lo que es paz, y en otros miles que no dejan en paz a los que viven a su lado.

Cuando el sueño del hombre y el sueño de Dios se juntan en un único esfuerzo, la tierra cambia sus latidos. Las nubes pueden ser las mismas. Quizá sigue faltando el pan para la mesa. Quizá no regresa el esposo que se ha ido lejos para seguir sueños que no son sino pesadillas. En cambio, quien vive junto a Dios sabe que hasta un campo de exterminio puede convertirse en un lugar de esperanza y de rezos.

Dios sigue soñando. Quizá la muerte no sea más que continuar, ahora sí para siempre, ese sueño que iniciamos aquí en la tierra. Un sueño en un cielo donde solo habrá felicidad, donde el Amor lo será todo para los eternos soñadores de Dios...

Como un niño en las manos de Dios

¿Por qué somos tan distintos de los niños? Porque creemos que la madurez coincide con la autosuficiencia y la seriedad, y porque pensamos que vivir siempre arropados por los padres es señal de infantilismo.

En el Evangelio se nos pide que volvamos a ser como niños si queremos entrar en el Reino de los cielos (cf. Mt 18:3). Por eso hay que dejarle las riendas a Dios, para que nos conduzca y nos lleve a donde quiera con su cariño de Padre bueno. Hay que levantar los ojos llorosos al Cielo para pedir perdón cuando hemos pecado o para pedir ayuda cuando las cosas en la familia o el trabajo no van bien. Hay que saber cerrar los ojos cada noche con la seguridad de que mañana Dios seguirá allí, fiel, dispuesto a ayudarnos si nos dejamos ayudar, a levantarnos si caemos, a consolarnos si las heridas de la vida son profundas.

Dios nos ama con la ternura de una madre. Lo que pasa es que a veces nos sentimos muy grandes y no dejamos que nos tome de la mano para llevarnos al médico, para cambiarnos de ropa o para escuchar que nos pide que demos a los demás un poco de nuestro tiempo, de nuestras cualidades o de nuestro dinero.

Cuando nos ponemos en manos de Dios, le dejamos escribir una historia de amor y de esperanza, como en la vida de los santos. No cuesta nada dejarse llevar por Dios si descubrimos que es un Padre bueno que nos ama. Ahora es una oportunidad para descubrirlo, porque estamos en Adviento: tiempo de preparación, de acogida, de conversión y de esperanza.

Un Dios amigo nuestro

A todos nos gusta que alguien piense en nosotros. Dos ojos que nos miran con cariño causan en nuestro corazón un estremecimiento confortante y alegre.

No podemos vivir sin amor. Nuestro corazón busca ansiosamente que alguien nos quiera, que piense en nosotros. La herida más profunda es la de quien ama y no ve correspondido su amor. La medicina más eficaz es la de quien es amado por aquel que uno ama.

Dios nos ama profundamente, de modo misterioso, casi sin palabras. Entre las estrellas se asoma para vernos, nos sonríe con afecto. Nos toca con el sol, nos estremece con el frío y nos encandila con el fuego. Nos espera en el sacerdote oculto en un confesionario y nos escucha conmovido cuando rezamos "Padre nuestro".

Su amor es especial, sencillo, respetuoso. Quien comprende lo que ocurre en cada Misa sabe que allí se toca al Dios del perdón y la ternura. Tras la consagración el mundo se embellece y la alegría de Belén se acerca a cada ser humano, con cariño, para que el amor caliente e ilumine a quien le confiese como el Salvador del mundo. Luego, en ese silencio elocuente del Sagrario, espera y arde de amor.

Dios mendiga nuestra amistad. Mientras nosotros excavamos aquí y allá para encontrar un poco de cariño, el amor llama a la puerta, sin ruidos. Quien se deja penetrar por Dios inicia una aventura estupenda que no termina en esta tierra. El Cielo será simplemente el desenlace de quien se enamoró un día de un Dios amigo nuestro.

El lenguaje de Dios es silencioso

¿Habla Dios? ¿Nos dice algo en este mundo de prisas, imágenes, trabajo y juegos?

Quizá no dejamos tiempo para la reflexión, para la escucha. Bastaría un rato en la mañana o en la noche para descubrir las señales, los gestos, los silencios en los cuales Dios nos quiso decir algo.

Su modo de hablar es especial, discreto, constante, sereno. "El lenguaje de Dios es silencioso" decía el entonces cardenal Joseph Ratzinger para hablar de la acción de Dios en el mundo.

Cada uno puede mirar su propia historia personal para descubrir el lenguaje divino. Recordaremos hechos bellísimos, grandiosos, alegres: un encuentro, un amor, la conclusión de unos estudios, el matrimonio, el nacimiento de un hijo. Otras veces tendremos que revivir momentos de dolor: un accidente, la muerte de un ser querido, un fracaso en el estudio o en el trabajo, la traición de alguien que parecía amigo sincero y bueno.

Solo al final comprenderemos lo mucho que nos quiso. Pero ahora nos gustaría poder descifrar, leer, lo que nos susurra con cariño, también cuando las espinas se clavan poco a poco en nuestra carne enferma.

No siempre es fácil descifrar el sentido de la vida, pero la compañía del Espíritu Santo nos puede iluminar y dar fuerzas para no caminar en las tinieblas, para comprender que el amor es la última palabra de la historia humana, de mi pequeña historia personal.

Por eso los cristianos son hombres y mujeres de esperanza que avanzan hacia la luz. Y podemos avanzar en cualquier momento del año, pero de modo especial en los tiempos fuertes de la Iglesia, como en este Adviento que ahora vivimos.

Y Dios pidió permiso para entrar

La libertad humana es un don grande, muy grande. Tan grande que nos da algo de miedo. Tan grande que permite a Francisco de Asís llegar a ser santo y a Judas traicionar a su Maestro. Tan grande que Dios se detiene ante nuestra puerta, con respeto, cuando pide amor, cuando nos invita a la justicia, cuando nos enseña las bienaventuranzas, cuando nos recuerda los Mandamientos.

Desde la libertad se construye la historia humana. Si le dejamos, si damos un sí generoso, Dios entra. Empieza entonces a caminar a nuestro lado, nos abre a horizontes de esperanza, nos salva.

Hubo un sí grande, sublime, único, que marcó la historia humana, que encendió esperanzas, que permitió que la Vida se hiciese Camino y Verdad para los hombres. Un ángel, de parte de Dios, pidió permiso a una joven nazarena. Dios esperaba, sin amenazas, sin terremotos, sin gritos, una respuesta. María, la doncella, abrió su corazón antes de abrir sus labios. Dijo, simplemente, humildemente, "hágase".

Ese "hágase" de la Virgen hizo que el mundo diese un vuelco. La humanidad, sin saberlo, comenzó a vivir con un Dios humano. La Redención se hizo carne, llanto, pasos y palabra. La oveja perdida fue encontrada. El publicano y la prostituta encontraron a Alguien que les tendía una mano de consuelo. El enfermo, el ciego, el sordo, el mudo, tocaron el milagro.

Todo fue posible gracias a un sí libre de una Virgen nazarena. En su libertad, en su corazón, pronunció el "sí" más grande de la historia humana. En su sencillez, en su pobreza, permitió que el mundo tuviese el Cielo muy a la mano. En su generosidad, en su grandeza, empezó a ser "bendita entre las mujeres".

Jesús, desde ese instante, puede ser nuestro. Gracias a Ella, a María, puede ser nuestro... si aprendemos a dar un sí, a decir "hágase". En la libertad, porque nadie nos obliga. Con amor, con confianza, con anhelos de justicia y de paz. Como lo hizo Ella, Virgen humilde, hermana nuestra, Mujer que ha llegado a ser Madre de todos.

Dios, cada día, vuelve a pedir permiso para entrar. En tu vida, en la mía, en la de cada historia humana. Nos ofrece perdón y misericordia, esperanza y alegría. Nos invita a amar. Basta repetir, sencillamente, humildemente, atrevidamente, las mismas palabras de María: "He aquí un simple esclavo del Señor. Que se haga en mí lo que Dios quiera...".

Para el bien, no para el mal

¿Por qué Dios nos hizo libres? La historia de tantos siglos de libertad no nos permite dar una respuesta fácil. La libertad que muchos han usado para destruir y matar podría haber sido eliminada con algún rayo desde el cielo, con cárceles o con cadenas pesadas como el plomo. Quizá…

Pero sin libertad el mundo sería como una computadora precisa, programada en cada detalle, en la que no habría espacio para amar. Solo un corazón libre puede odiar porque también puede amar. Dios aceptó el riesgo, invitó a todos a ser buenos. Luego, cada uno da su respuesta, escribe su página de historia.

Un día el mismo Dios quiso bajar a ofrecer amor, a enseñar el camino verdadero. Llega la Navidad.

Algunos buscarán matarlo, pero el amor no muere nunca. Nadie puede impedir a la víctima que perdone, que ame, que mire al Cielo y se llene de esperanza.

El mundo vive entre angustias de guerras, dolores y muerte. En muchos corazones sigue en pie la semilla del Evangelio: es cristiano amar al enemigo, es hermoso perdonar porque hemos sido perdonados. La historia verdadera no aparece en las noticias. Se escribe cuando amamos, cuando dejamos a Dios ocupar un puesto en nuestras vidas, cuando le decimos que queremos vivir según el amor de Cristo.

Dios nos hizo libres para el bien, no para el mal. Ahora, en este momento, decidimos. Lo bueno queda para siempre. El amor vence batallas, en la tierra, en lo más profundo de los corazones buenos.

Los planes de Dios

Las sorpresas de la vida son muchas. A veces parece que hay más sorpresas que "normalidades". Otras veces, las cosas siguen su curso ordinario. Nos hacemos la ilusión de que todo está bajo control. De repente, llega un imprevisto…

Si miramos a fondo, detrás de los imprevistos se escribe una historia que no siempre comprendemos. Un despido puede convertirse en la ocasión para encontrar un trabajo mejor. Una calumnia nos hace recordar que tal vez nosotros hemos dañado a otros con nuestras palabras. Una represión abre los ojos a nuestros defectos y nos permite valorar las cosas con menos egoísmo y con más sencillez.

No siempre es fácil descubrir lo bueno que se esconde en las aventuras de la vida. El dolor nos angustia y nos desconcierta, pero muchos pueden descubrir a Dios en la cama de un hospital. La traición nos llena de amargura, pero por encima de ella hay quien nos apoya y confía en nosotros, a pesar de todo.

Dios tiene planes que nosotros no podemos comprender. Algún día, cuando se deshaga nuestra tienda mortal, como decía san Pablo, comprenderemos. Ahora caminamos con la lámpara de la fe. Con ella se iluminan las tinieblas y se suavizan los dolores. Cada amanecer nos recuerda el cariño de un Dios que viste a las flores y hace cantar a los jilgueros…

El sí a Dios

Dar un sí sin condiciones no es fácil. Dar un sí sin condiciones a Dios puede llenarnos de miedo o de sorpresas. Quizá alguno piense que Dios es un poco despótico y por eso muchos prefieren conservar su libertad a cualquier precio, tener entre sus manos el polvo de su historia antes que abandonarse para que Dios los conduzca hacia lo desconocido.

Pero es más fácil dar un sí incondicional a Dios si descubrimos lo mucho que nos ama. La vida cristiana tiene dos momentos fundamentales. El segundo sin el primero está cojo de partida. ¿Cuál es el primer momento? Consiste en hacer una experiencia profunda, cordial, del Amor de Dios. Amor que inició con ese momento misterioso, inmenso, de nuestra concepción. Amor que continuó durante los meses de embarazo. Amor que nos ha mantenido hasta el día de hoy, a pesar de tantas enfermedades, accidentes, peligros, quizá hambres o abandonos.

Seguimos en pie simplemente porque nos quiere, porque le importamos, porque somos para Él hijos, aunque a veces un poco rebeldes o caprichosos.

Ese amor de Dios creció de un modo misterioso y grande el día de nuestro bautismo. Seguramente sabemos por el catecismo que el bautismo es la puerta del Cielo, que nos hace hijos de Dios, que nos permite ser parte de la Iglesia. Pero quizá no nos damos cuenta de lo que significa entrar en la familia del Dios que creó las montañas y el sol, el viento y las hormigas, la frescura del amor y la grandeza de la fidelidad. De ese Dios que conoce cada válvula de nuestro corazón, cada cabello de nuestra cabeza, cada pensamiento de nuestra imaginación alocada.

Dame un poco de tu tiempo, dame un poco de tu amor

Cada enfermo necesita amor, cariño, cercanía, a veces tanto o más que una medicina, que una nueva dosis de calmante.

El médico que sabe acariciar la frente de sus enfermos, que les da no solo su técnica sino su corazón, hace un bien incalculable. El enfermero o la enfermera que peina a una anciana, que le ayuda a refrescarse la boca, o le pregunta por sus nietos, ofrece un bálsamo profundo, que llega al corazón. El familiar, el amigo, que pasa horas y horas junto al trabajador o al estudiante víctima de un accidente inesperado, regala un gesto de amor y de cariño que solo los que han sufrido saben apreciar en toda su grandeza.

Cuando algún enfermo nos apriete la mano y no nos deje ir, no tengamos miedo. Nos pide un poco de tiempo, pero sobre todo nos pide un poco de amor. Nos ofrece también, quizá sin saberlo, la oportunidad de ser un poco más buenos, de sentir lo hermoso que es ser hombre o mujer cuando el amor se convierte en lo más importante.

Entonces, de un modo misterioso, nuestro dar se convierte en recibir. Los dos somos así un reflejo de Dios, que supo amar sin buscar recompensa, que nació en Belén porque nos quiso, que ha iluminado cada lecho de hospital con un rayo de esperanza, con una lágrima de alegría. Lágrima de un enfermo y de un sano que supieron dejar algo de sí mismos para vivir, generosos, buenos, junto al que sigue allí, a nuestro lado.

Alguien nos ama, a pesar de todo

Seguramente no comprenderemos nunca por qué Dios nos ama tanto. Nosotros quisiéramos que terminase con los criminales, que lanzase un rayo para impedir que los ladrones roben a gente anciana o para que los "listos" no triunfen en los negocios a base de trampas.

Su silencio nos deja sorprendidos. Tal vez comprenderemos que es el mismo silencio con el que nos mira a nosotros, los que condenamos fácilmente cuando muchas veces hemos hecho cosas malas, tal vez peores de las que acusamos en otros.

Así es Dios, un misterioso enamorado del ser humano. De cada uno: de mí, con mi historia, mis defectos, mis pecados. De aquellos que me han hecho daño, que me han traicionado, que no eran tan amigos como imaginaba.

Cuando penetremos un poco ese misterio seremos capaces de ser buenos con los malos, como nos enseñó Jesucristo. Podremos rezar el Padrenuestro con esa frase que nos cuesta, pero que nos llena de esperanza: "Perdónanos... como también nosotros perdonamos...".

No somos perfectos. Los otros, tampoco. Solo cuando aceptemos nuestra realidad podremos acercarnos, como los publicanos y las prostitutas, a Cristo. Nos dirá que no nos condena. Nos pedirá que no pequemos más. Nos amará. No porque lo merezcamos, sino porque nos quiere de un modo misterioso y grande. Entonces sí podremos perdonar y pedir perdón a quien hemos fallado.

Alguien que conoce nuestro barro no deja de querernos y de amarnos, a pesar de todo... Entonces podemos dar el paso hacia la conversión, que es lo que a Dios más le agrada. Si damos ese paso, este Adviento habrá tenido un sentido único, maravilloso, pleno.

Dios misericordioso, incomprensible...

En la vida real, ciertos fallos son imperdonables. Un político que es descubierto en sus mentiras, un empresario al que arrestan por sus cuentas sucias, un trabajador que es despedido por haber robado o maltratado a algún compañero, un esposo o una esposa expulsados de su propia casa por pegar a los hijos.

Y aquí nos sorprende el Dios cristiano. La justicia humana debe realizar su trabajo, encadenar a los opresores, condenar a los criminales. Dios, en cambio, tiende una mano a todos, ofrece un camino de redención a quien cayó en los pecados más horribles.

Solo pide una condición: el arrepentimiento. Quien suplica el perdón de Dios y de los hombres, de corazón, sinceramente, encontrará siempre abiertas las puertas de la misericordia.

Que Dios sea capaz de perdonar lo "imperdonable" nos deja perplejos. El paraíso estará lleno de sorpresas. Ya los Padres de la Iglesia imaginaban el abrazo entre el primer mártir, san Esteban, y aquel fogoso perseguidor que se llamaba Saulo (san Pablo) y que participó en la muerte de Esteban.

No nos toca a nosotros juzgar a Dios. La misericordia nos supera infinitamente. Podemos, en cambio, imitar a ese Dios bueno, ser misericordiosos como el Padre lo es con nosotros. Después de una confesión sincera, miraremos al cielo y nos resultará posible perdonar tantas ofensas recibidas.

Dios es más grande que nuestro corazón (cf. 1 Juan 3:20). Puede perdonarnos (solo Él) y permitir que nuestra vida empiece a ser, ya en la tierra, reflejo del amor de un Dios bueno.

Navidad

Produce una gozosa paz en el alma saber que alguien nos espera, nos ama, nos busca, nos invita. Significa que nuestra existencia tiene sentido, que somos importantes para otro, que no vivimos simplemente por inercia, que hay una meta hermosa por la que vale la pena ponernos en camino.

Al dirigir sus palabras de felicitación en la Navidad del año 1965, el entonces Papa Pablo VI imaginaba cómo desde la cuna de Belén se producía una llamada universal: "¡Vengan, vengan todos!". Hablaba con el calor de un padre que se dirige a sus hijos: "¡Vengan, que ustedes son esperados! ¡Vengan, que ustedes son conocidos! ¡Vengan, que hay algo maravillosamente bueno preparado para ustedes! ¡Vengan!".

Sí, todos estamos invitados a acudir ante un Niño en la cuna que nos espera, que nos conoce, que nos necesita. Descubrimos entonces que la vida tiene un sentido hermoso, magnífico: Dios ha puesto su tienda entre nosotros para buscar a cada uno de sus hijos.

¿También me espera a mí si he sucumbido ante el pecado, si he dejado crecer el egoísmo, si me he dejado cegar por la codicia, si he pactado con los desórdenes de la carne? Sí, también a mí, y quizá precisamente con más anhelos. Jesús Niño es ya, entre sus movimientos infantiles, un gran médico ansioso por curar heridas y devolver esperanzas.

En cada Navidad la llamada se repite. Han pasado años y siglos desde el anuncio de los ángeles a los pastores: "hoy, en la ciudad de David, ha nacido para ustedes un Salvador, que es el Mesías y el Señor" (Lc 2:11). Pero no ha pasado la actualidad de esa invitación. Cada generación humana, también la nuestra, necesita acudir a quien, de verdad, puede salvarnos del mayor de los males: el pecado.

El mundo moderno está sumergido en prisas y en angustias. Muchos no alcanzan a escuchar la llamada. A pesar de todo, la Voz sencilla de un Niño sigue resonando entre nosotros. Los oídos atentos, los corazones despiertos, alcanzan a percibir un murmullo humilde, una invitación constante y respetuosa.

Es entonces cuando puedo descubrir que Alguien me espera con cariño. Llega el momento de ponerme en camino hacia la gruta. En ella encontraré a un Niño enamorado, a su Madre buena, y a tantos hombres y mujeres que han acogido la gran noticia: Dios nos ama. Sí: ¡vengan, vengan todos, porque ya llegó la Navidad!

En la otra orilla

Cuando muere una persona querida podemos pasar por dos etapas. La primera es la del "golpe": la noticia, quizá inesperada, del desenlace fatal; los formularios legales, el funeral, el momento de los pésames y de las primeras visitas al cementerio. Si la agonía ha sido larga y dolorosa, tal vez sentimos un pequeño alivio: él, ella, ya no sufre más. Nos hiere su partida, pero sabemos que sus dolores han terminado: descansa en paz.

¿Qué hay detrás de la frontera de la muerte? ¿Por qué no tenemos aquí amigos eternos? ¿Para qué unos padres que nos dan la vida y nos dejan un día huérfanos y solos? ¿Para qué unos hijos que, en un accidente, desaparecen? ¿No será mejor no amar a nadie, vivir sin cadenas, volar con las nubes sin que nadie llore nuestra ausencia?

El viento de la tarde mueve las espigas y el sol busca un descanso en las montañas. Creemos, sí, que Dios da sentido a la familia, al matrimonio, a la amistad. Lo verdadero no puede morir. Por eso Dios es eterno. Por eso en Dios la vida sigue tras la muerte.

El zarpazo de la muerte nos duele, pero la esperanza de la resurrección cura heridas. Más allá nos miran ojos amigos, de padres, de hermanos, de vecinos.

Llegaremos, si Dios quiere, a un cielo familiar, donde somos conocidos, donde nuestras vidas valen mucho, donde tenemos preparado un lugar entre quienes nos esperan, para un encuentro que durará siempre, siempre, sin el miedo de la muerte...

La voz suave del Dios que llama

Dios llama, hoy como ayer. Su voz es suave, discreta, respetuosa. Invita y calla, susurra y deja tiempo. Hombres y mujeres se consagran. Sacerdotes, religiosos y religiosas, laicos que dan un sí para siempre, sin condiciones.

El mundo es distinto con cada respuesta, con cada entrega. Hay hombres y mujeres que quieren amar más, que reflejan, con su vida, que Dios es fiel, que nos quiere con locura.

Dar un sí a Dios es fácil si hay amor. Hay quien le sigue pronto, sin miedos, y hay quien retrasa su respuesta, meses, años, para llevar a cabo planes vacíos, proyectos huecos, fuera del sueño de un Dios bueno.

Cuando sopla el viento de la tarde, Dios espera. Quizá hoy un joven piensa, reza, y mira al cielo. Busca al Dios que lo buscaba, sueña en la voz que resonó un día dentro de su alma. Puede ser un momento decisivo. Puede ser el inicio de una nueva vida.

Hay muchos que esperan, cerca o lejos, el sí de cada nueva vocación. El silencio de la noche revela voces que rezan a Dios, como Cristo un día, para pedir que envíe más obreros, pues la mies es mucha, la cosecha está ya lista, el cielo tiene abiertas sus puertas.

No hay anuncio sin anunciadores. No hay salvación sin fe en ese mensaje que inicia en Belén y que es llevado a todo el mundo a través de mensajeros que escucharon la voz de Dios en una tarde de silencios: "Ven y sígueme"...

El regreso

Volver es caminar hacia el punto de partida. Es ser conscientes de lo provisional del sendero andado y de la necesidad de encontrar la meta definitiva solo en la casa del Padre. Es vivificar en nuestro recuerdo el calor del hogar, para apreciarlo por encima de cualquier espejismo fácil que pueda encandilarnos a lo largo de los años.

El regreso a Dios es hoy más urgente que nunca. El mundo saborea cada día el amargo placer de una libertad sin origen y sin metas. Los sufrimientos de la humanidad, sus penas y angustias, son consecuencia del olvido de nuestro origen, que coincide plenamente con nuestro destino.

"De Dios venimos y a Dios vamos", nos recuerda la doctrina cristiana. Sin embargo, a veces damos la sensación de ser flechas que cortan el viento de la nada, sin una esperanza que suavice el misterio de su trayectoria desconocida.

Cuando pululan por doquier los profetas de la desesperanza, de las soluciones quiméricas y siempre provisorias, brilla con mayor fuerza la luz que la Iglesia está llamada a ofrecer al mundo. Todos los católicos, unidos como un cuerpo, podemos imprimir un nuevo rumbo a la historia de la humanidad.

Mientras, seguimos en camino, hacia la casa, hacia el Padre. En Navidad es más fácil: tenemos un Niño que es Hijo del Padre e Hijo del hombre, que abre las puertas de la misericordia y de la esperanza, que es Camino, Verdad y Vida.

¿Pensamos en el Cielo?

Pensamos poco en el Cielo porque no sabemos lo que nos espera, porque no hemos profundizado en lo que es el amor de Dios ni en lo mucho que sueña en que un día nos encontremos, para siempre, con Él...

¿Qué es el Cielo? El Cielo es la meta última, el abrazo definitivo y eterno con quien sabemos que nos ama. Es llegar al lugar donde se nos conoce y se nos espera. Es juntarnos con ese familiar tan querido, con un compañero de trabajo que acaba de fallecer, con personas que nunca conocimos pero que también viven allí, felices, en el eterno abrazo de Dios.

Deberíamos también imaginar el Cielo desde el otro lado, desde Dios. Allí llega a plenitud su querer amoroso de Padre. Recibe con alegría a cada uno de sus hijos, después de las aventuras y avatares de la vida.

La alegría de Dios será la alegría de todos los salvados, la plenitud de quien se hará todo en todos, por medio de Cristo. "Ni ojo vio, ni oído oyó, ni por mente humana han pasado las cosas que Dios ha preparado para los que lo aman" (1 Cor 2:9).

El Cielo. Pensemos en el Cielo. Entonces se nos hará más llevadera la cruz de cada día. Daremos sentido a nuestro trabajo y nuestro amor. Viviremos más comprometidos por la justicia y la paz. Buscaremos que otros muchos, hermanos nuestros, puedan abrir su corazón a un Dios que es un Padre que espera, con amor infinito, la llegada de los hijos de su sueño.

En nuestras manos

Nos impresiona pensar que Dios pueda estar en nuestras manos. Lo estuvo en el seno de una joven nazarena, María. Lo estuvo en Belén, cuando pasaba de los brazos de la Virgen a los brazos de José. Lo estuvo en Egipto, cuando una familia extraña, venida de tierras palestinas, pidió algo de hospitalidad y de ayuda. Lo estuvo en Nazaret, cuando jugaba y trabajaba, como un niño cualquiera, bajo la mirada atenta de José.

Dios estuvo en nuestras manos cuando las multitudes tocaban y apretaban a Cristo, cuando le seguían, le amaban o le odiaban; cuando agarraron piedras para matarle o cuando lo recibieron en triunfo al entrar en Jerusalén un hermoso día de primavera que hoy llamamos "domingo de Ramos".

Dios sigue en nuestras manos después de 2000 años. Lo podemos tocar en el enfermo, en el preso, en el hambriento y el sediento ("me lo hicieron a mí", cf. Mt 25:34-46). Lo podemos acoger cuando recibimos en nuestra casa al sacerdote, al misionero, que nos vienen a anunciar el Evangelio (cf. Lc 10:16). Lo podemos amar cuando, de verdad, perdonamos y queremos a todos, incluso al enemigo, porque el Padre hace llover sobre todos, nos perdona y nos espera, también cuando hemos pecado, también cuando hemos sido malos (cf. Mt 5:44-48).

Dios en nuestras manos... como lo tuvo María en la primera Navidad de la historia humana. Lo más seguro es que algún día descubramos que el Dios que estuvo en nuestras manos, era el Dios que nos llevaba, como a un niño en su regazo, por las mil aventuras de la vida.

Sintonizar con Cristo

Cristo sigue entre nosotros. Lo podemos escuchar a través de los Evangelios. Lo podemos sentir en cada Confesión, cuando el sacerdote se convierte en un eco de lo que Jesús dijo a tantos pecadores: yo te perdono, vete en paz. Lo podemos ver morir y resucitar, de un modo misterioso pero real, en la Eucaristía, cuando participamos todos juntos en la Santa Misa.

Es posible sintonizar con Cristo, dejarle un lugar en nuestra vida, hacer que reine en el corazón entre los mil trabajos de cada jornada. Podemos dejar que explique ese dolor profundo del espíritu, el sentido de la pérdida del trabajo, el porqué de ese accidente que ha alterado nuestros planes. Podemos permitirle que camine a nuestro lado para que nos revele nuestra propia identidad, lo mucho que nos quiere, lo que le importamos al Padre, aunque nadie se entere, aunque no haya periodistas ni declaraciones públicas que den la noticia de una conversión que se ha producido en este día.

La tierra ha cambiado radicalmente desde que el Verbo se hizo carne a través del sí de una Virgen niña. No todos lo saben, no todos lo comprenden, no todos viven según la gran noticia. Mientras llega el momento de terminar un año e iniciar otro nuevo, podemos abrirnos al misterio de Belén: Dios está presente en la historia humana. Los niños, los pequeños, los humildes, entran en el Reino. Sintonizan con el Padre que hoy repite, como un día en el Tabor: "Este es mi Hijo, el amado… Escúchenlo" (cf. Mt 17:5).

Cantar a María

Cantar a María es una manera íntima, humana, muy nuestra, de cantar a Dios. Es reconocer que la Redención ha sido completa en nuestra Madre. Es celebrar que Ella, en cierto modo, nos representa ante el Dios amante de la vida, redentor del ser humano y de la historia.

Cantar a María es mirar al mundo con ojos distintos, porque la santidad divina purificó completamente una existencia humana. Porque el sí de la creatura fue genuino y alegre. Porque el Amor encontró en una joven de Nazaret su morada. Porque no faltó el vino en Caná y empezaron, para todo el mundo, las bodas del Cordero.

Cantar a María es reconocer la grandeza de Dios. Porque mira al humilde, porque acoge al débil, porque rechaza al soberbio, porque salva al pecador arrepentido. Porque quiso ser Niño, porque quiso tener Madre humana, porque empezó a ser Hermano nuestro. Porque tuvo necesidad de alguien que sufriese, como mujer, como mediadora, al lado de la cruz.

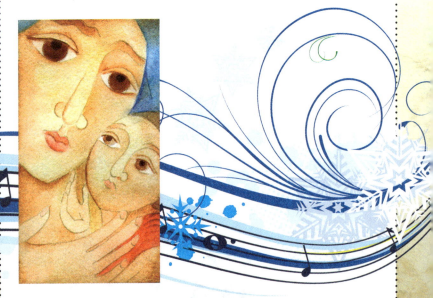

Cantar a María es aprender a ser como niños. Porque necesitamos la paz de su mirada, el calor de su compañía, la ternura de su afecto, la alegría de su sí al Padre. Porque queremos ser creyentes como Ella, porque necesitamos fiarnos de Dios, porque no nos resulta fácil caminar en las tinieblas si nos falta la guía del Espíritu.

Cantar a María es parte de nuestro caminar cristiano. No hay Hijo sin la Madre. Jesús la quiso y, en Ella, nos quiso a todos. También a quien lucha contra el egoísmo, a quien siente difícil la pureza, a quien piensa que es imposible el amor al enemigo, a quien ha cometido algo tan terrible como el aborto del propio hijo. También a quien se levanta, una y mil veces, tras la caída, para pedir perdón a Dios (un Dios presente a través del sacerdote que repite lo que diría el Hijo: te perdono).

Cantar a María es decir, simplemente, desde el corazón, un gracias a Dios. Porque en su Madre nos ha amado con locura. Porque venció así nuestro pecado. Porque nos abrió el Cielo, donde está Ella esperándonos. Porque nos quiere pequeños, débiles, pero seguros: no hay miedo junto a la Madre. Solo hay esperanza, alegría y amor sincero.

Epifanía

En muchos corazones se vive una crisis de amor. No hay capacidad de pensar en los demás, de salir de uno mismo para servir, para darse.

Esta crisis de amor es consecuencia de una crisis de fe. Quizá nos faltan ojos para descubrir en cada hombre, en cada mujer, la presencia del amor de Dios, un amor que dignifica cualquier existencia humana.

Es verdad que algunas malas experiencias en el trato con otros nos hacen desconfiados, precavidos, "prudentes". No resulta nada fácil ofrecer nuestro tiempo o nuestro afecto a alguien que nos puede engañar o tal vez llegaría a darnos una puñalada por la espalda. Pero más allá de esos puntos negros que nos hacen desconfiados ante extraños o conocidos, existe la posibilidad de renovar la fe y de abrir ventanas al mucho bien presente en los otros.

Además, cientos de hombres y mujeres que caminan a nuestro lado, nos miran con fe, con afecto, confían en nosotros. A veces lo hacen por encima de algunas faltas que hayamos podido cometer contra ellos. Su mirada nos dignifica, nos hace redescubrir esos valores que hay en nosotros, ese amor que Dios nos tiene, también cuando somos pecadores. ¿No vino Cristo a buscar a la oveja perdida? ¿No hay fiesta en el Cielo por cada hijo lejano que vuelve a casa?

Hemos de pedir, cada día, el don de la fe. Una fe que nos permita crecer en el amor. Una fe que sea entrega, lucha, alegría, a pesar de los fracasos. Fe en el esposo o la esposa, fe en los hijos, fe en el socio de trabajo, fe en quien busca romper el ciclo de la corrupción con un poco de honradez. Hay que renovar esa fe que nos lance a caminar, como a los Magos, hacia el encuentro de Jesús Niño.

Lo sabemos: en el cielo ya no hará falta tener fe. Pero ahora, mientras estamos de camino, la fe nos hace mirar más allá, más lejos, más dentro, quizá desde la ayuda de una estrella misteriosa. Esa fe nos permite vislumbrar que el amor es más fuerte que el pecado y las miserias de la humanidad. Nos permite entrar en un mundo de